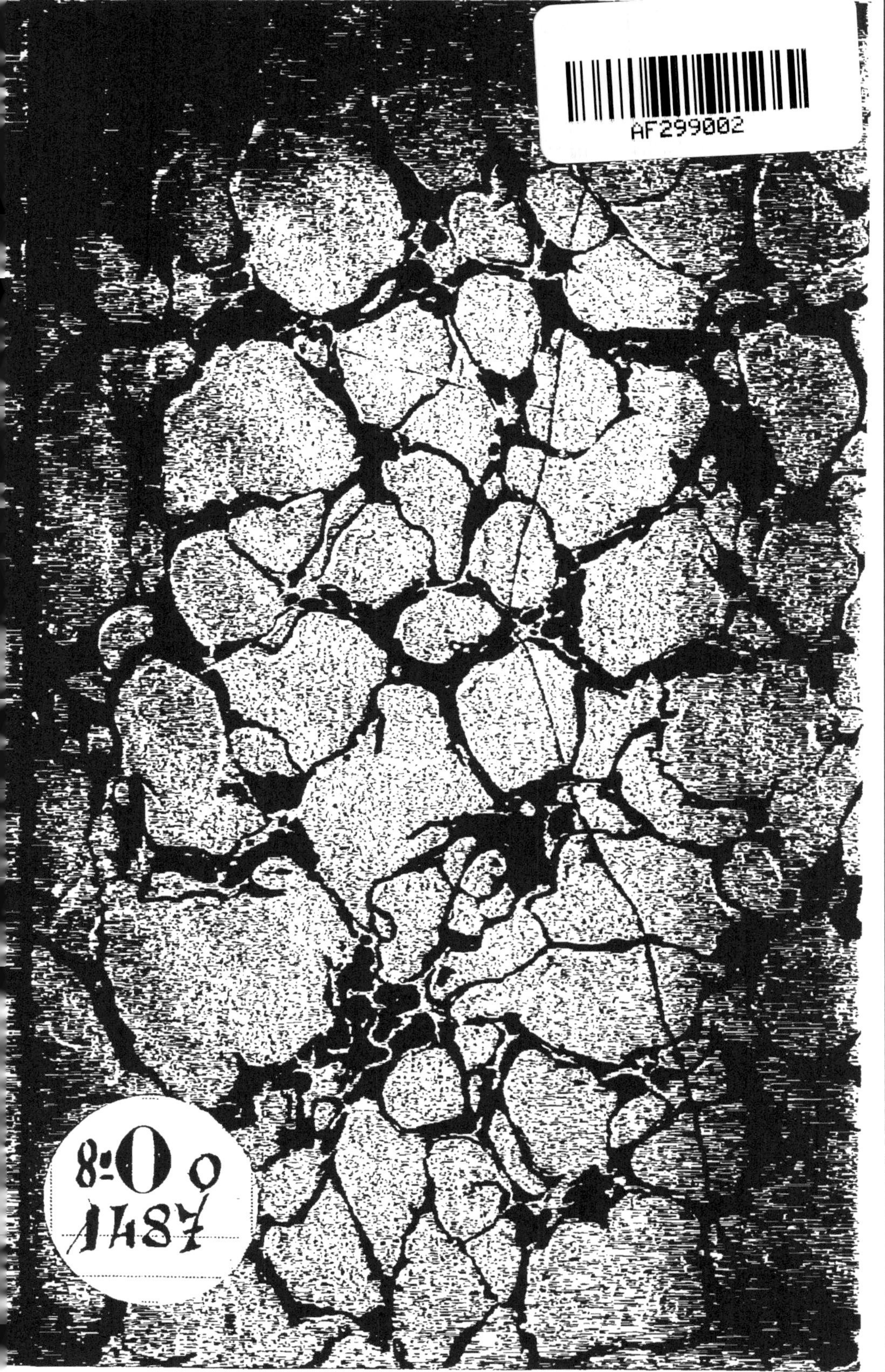
AF299002

DIEGO-JOSEPH DE CADIX

PRÊTRE MISSIONNAIRE

DE

L'ORDRE DES FRÈRES MINEURS CAPUCINS

1743—1801

ABRÉGÉ DE SA VIE

LE MANS

ŒUVRE SAINT-FRANÇOIS D'ASSISE | LEGUICHEUX ET Cie
14, rue de Tascher, | Rue Marchande, 15

1895

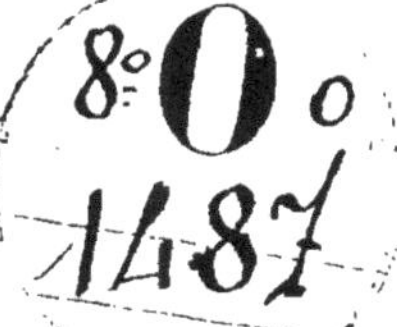

LE BIENHEUREUX
DIEGO-JOSEPH DE CADIX

PRÊTRE MISSIONNAIRE
DE
L'ORDRE DES FRÈRES MINEURS CAPUCINS

1743—1801

ABRÉGÉ DE SA VIE

LE MANS

<table>
<tr><td>ŒUVRE SAINT-FRANÇOIS D'ASSISE
14, rue de Tascher,</td><td>LEGUICHEUX ET Cie
Rue Marchande, 15</td></tr>
</table>

1895

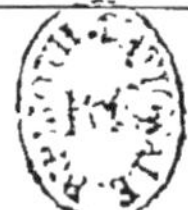

F. Sangiorgi in G... a Roma

LE BIENHEUREUX

DIEGO-JOSEPH DE CADIX

Prêtre Missionnaire

DE L'ORDRE DES FRÈRES MINEURS CAPUCINS

Né en 1743, mort en 1801,

Béatifié par Léon XIII le 22 Avril 1894.

Le bienheureux Diego de Cadix est une des gloires de l'Espagne moderne, en même temps qu'une des illustrations de cet Ordre séraphique si fécond en saints et en apôtres (1).

Il est peu d'hommes qui aient été honorés de distinctions plus variées et plus flatteuses. Les rois, les grandes cités, les chapitres des cathédrales accu-

---

(1) Sa vie est pleine de charme et d'intérêt, nous n'en donnerons ici qu'une courte esquisse d'après les travaux déjà publiés par les RR. PP. Léopold, Henri, Camille et d'après les actes de la Béatification.

mulaient à l'envi sur la tête de l'humble religieux les titres et les dignités. Grand d'Espagne de première classe, vicaire général des armées de terre et de mer, conseiller privé du roi et prédicateur honoraire de la Cour, préfet du conseil royal de Naples et de Lisbonne, alcade des municipalités de Cordoue, Valence, Séville et de Ronda ; Docteur ès lettres, en théologie et en droit canon de l'université de Grenade ; conseiller perpétuel aux facultés de médecine et de jurisprudence d'Orihuela et d'Orviedo : tous ces honneurs et bien d'autres étaient venus le trouver sans qu'il les eut jamais sollicités.

Et cependant son nom était absolument inconnu en France jusqu'à ce que Léon XIII l'inscrivit dans les dyptiques sacrés. Mais l'Eglise veillait sur ses cendres, elle les a exhumées de la poussière et placées sur les autels ; et déjà le nom de Diego a retenti d'une extrémité à l'autre de l'univers. Toutes les nations publieront avec l'Espagne ses louanges, et imploreront avec confiance l'assistance du nouvel élu.

NAISSANCE — PREMIÈRES ÉTUDES

VOCATION

Le bienheureux naquit à Cadix, le 29 mars de l'année 1743 et fut baptisé trois jours après dans l'église Cathédrale sous les noms de Joseph-François. Son père, don Joseph Lopez Caamagno et sa mère dona Maria Perez de Rendon, issus tous deux de nobles et anciennes familles, possédaient des biens considérables; mais. ce qui est plus précieux encore, ils étaient riches en vertus et très-estimés de tous à Ubrique, où ils résidaient. Ce fut en effet une circonstance toute fortuite qui valut à Cadix l'honneur d'avoir vu naître notre Bienheureux. Sa mère s'y était rendue pour quelques jours seulement, accompagnée de son mari. afin de satisfaire sa dévotion en assistant aux fêtes de la semaine sainte que l'on célèbre dans cette ville avec une solennité particulière.

Des parents si pieux ne pouvaient être que de parfaits éducateurs. Aussi dès qu'il fut capable de les comprendre s'empressèrent-ils d'inspirer à leur fils cette crainte de Dieu qu'ils avaient si parfaitement eux-mêmes et un grand amour pour la religion catholique. D'ailleurs, leur tâche était facile, l'âme de l'enfant s'ouvrait comme par instinct aux choses du ciel. Tout jeune encore, on remarquait déjà chez lui une piété douce et tendre ; son extérieur était modeste, toujours il marchait les yeux baissés ; les amusements des enfants de son âge ne parvenaient pas à l'attirer et, quand on voulait lui accorder une récompense, il demandait qu'on lui permit d'aller prier à l'église de sa paroisse où il restait des heures entières. Sa plus grande joie était d'y répondre la sainte messe. Pour que personne ne lui disputât cet honneur, il arrivait le premier, souvent même avant que les portes fussent ouvertes. En un mot la précocité de ses vertus annonçait un enfant de prédilection.

Le moment de l'envoyer au collège étant venu, on le confia à des maîtres éminents qui devaient l'instruire dans les belles lettres. Hélas ! l'écolier fut loin de répondre aux espérances qu'on en avait conçues : son intelligence était lente, sa mémoire ingrate. De plus il éprouvait à prononcer certaines consonnes des difficultés insurmontables, ce qui le faisait paraître encore plus incapable qu'il ne l'était en réalité.

Certes qui l'eut entendu à cette époque n'aurait pu croire que ce petit bègue deviendrait un jour un brillant orateur aussi distingué par l'élégance de sa diction que par l'étendue de sa science. C'est ainsi que Dieu choisit d'ordinaire des instruments faibles et imparfaits afin que l'on remarque davantage l'action toute puissante de sa grâce.

Les professeurs du jeune Caamagno, déconcertés de voir que tous leurs efforts étaient inutiles, prirent enfin le parti de le rendre à ses parents. « Votre fils, dirent-ils, a peut-être des chances de réussir dans les arts et dans l'armée, mais à coup sûr il n'est pas fait pour les belles lettres. »

L'enfant avait souffert beaucoup et de la part de ses maîtres qui lui avaient fait subir des humiliations, méritées à leurs yeux et de la part de condisciples sans pitié qui se riaient de ses défauts naturels.

Le renvoi fut une épreuve plus grande. Elle était dure pour le Père dont les rêves d'avenir s'évanouissaient en un instant; elle était plus dure pour l'adolescent qui ne se sentait de vocation, ni pour la solitude du cloître, ni pour le tumulte des camps. Mais l'un et l'autre avaient une grande foi. Ils s'abandonnèrent à la volonté de Dieu qui ne tarda pas à se manifester avec éclat.

Rentré dans sa famille, vers l'âge de treize ans, il se mit à fréquenter l'église des Capucins d'Ubrique ; son bonheur était, comme au jour de sa petite enfance, de servir la messe, d'y assister à l'office et d'y passer de longs instants en prière.

En raison de l'honorabilité de sa famille, les religieux l'accueillaient volontiers dans le couvent. On remarqua cependant qu'il allait de préférence non pas à ceux qui se montraient les plus prévenants à son égard, mais avec les plus pieux, les plus recueillis ; alors même que ceux-ci ne faisaient rien pour l'attirer, son âme candide les devinait.

Parmi ces derniers était un vieux et saint frère dont le nom mérite de passer à la postérité : frère Julien d'Ubrique. Il ne possédait guère les qualités qui captivent les enfants : c'était un vieillard à la figure austère, il se promenait sans cesse son chapelet à la main, et n'avait d'autres conversations que celles qu'il tenait avec Dieu et les anges du ciel. Et cependant dès que le jeune Joseph François l'apercevait il s'excusait aimablement auprès des autres et courait bien vite le rejoindre. Ces deux âmes s'étaient-elles devinées ? Frère Julien con-

-naissait-il par révélation la destinée future de son petit ami ? C'est le secret de Dieu. Toujours est-il qu'à son approche le front du bon frère se déridait tout à coup, le vieillard commençait à sourire et; interrompant ses méditations habituelles, il se laissait aller volontiers à causer fort longtemps avec lui. Voulait-il s'arrêter, le jeune Diego manifestait alors son enthousiasme. « Encore ! frère Julien s'écriait-il, encore pour l'amour de Dieu ! » et le vieillard tout attendri reprenait le cours de ces pieux entretiens.

L'excellente influence que le vénérable religieux exerçait sur le jeune homme, ne se bornait pas seulement à des conversations édifiantes, elle allait aussi à le diriger jusque dans le choix de ses lectures. Or, on devine aisément qu'elles ne devaient être que la suite naturelle de leurs conversations : Dieu en était toujours l'objet, et Dieu étudié dans son œuvre d'amour par excellence, je veux dire dans ses saints.

Un jour, c'était, croit-on, après une lecture faite dans la vie de saint Fidèle de Sigmaringen, martyr de l'ordre des capucins, Joseph Caamagno enthousiasmé par les exemples de vertu de ce héros de la foi alla trouver ses parents et leur déclara qu'il voulait être missionnaire capucin. « Vous, mis- « sionnaire, lui dirent-ils au comble de la surprise,

« mais vous ne savez seulement pas parler ! D'ail-
« leurs, dans l'ordre des Capucins, tous les sujets
« doivent se rendre utiles d'une façon quelconque :
« Et vous, avec votre infirmité, à quoi seriez vous
« bon? Si vous voulez être religieux, ne choisissez
« pas un ordre mendiant, allez dans un monas-
« tère riche où vous pourrez vivre tranquillement
« sans être à charge à personne ».

Mais lui, que tous ces raisonnements ne pouvaient convaincre, répétait sans cesse : « je serai
missionnaire capucin ».

Après de longues résistances, son père se décida
enfin à le conduire au couvent des capucins
d'Ubrique, et le présentant au gardien il lui dit
l'objet de sa visite. Celui-ci ne pouvait être que
flatté d'une telle demande; néanmoins, avant de
donner sa réponse, il devait, selon l'usage, faire
subir un examen au jeune postulant. Il n'eut pas
besoin de lui faire de longues questions pour cons-
tater son incapacité. C'est à peine s'il avait une
vague connaissance de la langue latine et son bé-
gaiement s'était accru au point qu'il était difficile
de le comprendre. Tous ces désavantages furent
pour le gardien une preuve de non-vocation, il
rendit donc l'enfant à son père, en lui déclarant
que, malgré tous ses regrets, il lui était impossible
de l'admettre.

Un tel échec était bien fait pour déconcerter le jeune Caamagno ; cependant il n'en fut rien, il en ressentit quelque tristesse, à cause de sa famille qu'il voyait humiliée de ses insuccès ; mais pour lui, il avait mis en Dieu tout son espoir. On le voyait souvent se retirer dans son petit oratoire, et là, se prosternant la face contre terre, il le suppliait de lui venir en aide.

Un jour, sans doute après une humiliation nouvelle, il prend son livre classique, cause de ses tourments, et le tenant dans la main, il monte sur l'autel, puis frappant à la porte du tabernacle, il s'écrie, dans un élan de foi sublime : « Mon Dieu ! mon Dieu ! enseignez-moi, vous, et j'apprendrai ».

Le Seigneur ne pouvait résister à de telles supplications. Aussi l'adolescent, jusqu'alors rebelle à toute science et à toute culture intellectuelle, sentira bientôt son intelligence illuminée par les rayons d'une lumière céleste, et le Dieu des sciences déposera dans son esprit la connaissance infuse de toutes les choses divines et humaines.

Retraçons cette merveille : elle fut décisive pour la vocation de notre Bienheureux, et elle marque sa vie au coin du surnaturel le plus visible.

Joseph-François venait d'entrer dans sa quatorzième année ; un soir pendant qu'il assistait à l'office au couvent des Capucins de Cadix, il fut tout-à-coup transporté dans un monde idéal dont les splendeurs le jetèrent hors de lui-même. Une lumière surnaturelle remplissait le sanctuaire et la voix harmonieuse des Anges s'y faisait entendre : « viens et sois des nôtres » disaient-elles. La chapelle était devenue le vestibule du Paradis et toutes les joies du ciel envahissaient l'âme du pieux adolescent. Les chérubins versaient dans son esprit leurs sciences et leur lumière, et les séraphins leurs brûlantes ardeurs.

Ce fut la première communication surnaturelle dont le fils de Lopez fut favorisé ; il en sortit transformé. Ce jeune homme qu'on avait déclaré dénué de tout talent, n'était plus le même depuis qu'il avait été touché par la main des anges ; science infuse, mémoire prodigieuse, certitude de sa vocation, tous les dons de l'Esprit saint resplendissaient à la fois dans son âme. A partir de cette heure tout est beau, tout est merveilleux dans son existence.

L'Ordre de saint François lui [avait été montré dans sa vision comme le miroir de la perfection. Aussi profita-t-il de la présence du Provincial à Cadix pour solliciter l'honneur d'être admis au noviciat. Le Provincial tint à l'éprouver lui-même et à examiner sa vocation. Il fut tellement stupéfait de la lucidité et de la profondeur de ses réponses qu'il n'hésita pas à l'envoyer immédiatement au noviciat de Séville.

L'heureux postulant fut revêtu du saint habit le 15 novembre 1757, étant âgé de quatorze ans et huit mois. Après seize mois et demi d'un fervent noviciat il fut admis à la profession, le 31 mai 1759, le lendemain du jour où il avait accompli sa seizième année. Lors de sa prise d'habit on lui avait donné les noms de Diego-Joseph.

SACERDOCE ET APOSTOLAT

L'entrée du pieux jeune homme en religion avait vu cesser par enchantement la dure épreuve qui avait pesé sur lui jusqu'alors. Ses maîtres et ses condisciples n'eurent plus qu'à admirer la vivacité de son intelligence, l'étonnante fidélité de sa mémoire, la facilité de sa diction et le charme incomparable de sa parole. Et ces dons magnifiques étaient rehaussés par une vertu de plus en plus manifeste.

Après avoir poursuivi durant plus de huit ans le cours de ses études philosophiques et théologiques il put gravir les différents degrés du sanctuaire et le 13 juin 1767, il se relevait, après l'imposition des mains de l'évêque, prêtre, et prêtre pour l'éternité. Il était prêt pour l'apostolat fécond et prodigieux auquel il allait vouer le reste de son existence.

Les temps étaient difficiles. C'était le siècle de Voltaire; l'heure des triomphes de Pombal, une de ces heures de ténèbres ou le mal prévaut sur la terre.

Le bienheureux Diego contemplait, l'âme navrée, les progrès du rationalisme, c'est à dire de la débauche et de l'impiété et il suppliait le divin Rédempteur d'avoir pitié de la vieille Europe et de l'arracher au flot toujours grossissant de l'erreur et de la corruption. Il était loin de se douter qu'il était lui-même la pierre choisie d'en haut qui devait, en Espagne, servir de digue aux envahissements du rationalisme voltairien.

Toujours humble et modeste, il n'aspirait qu'à se dévouer sans bruit au salut des âmes. Prêcher aux deshérités de la terre, consoler ceux qui souffrent, parcourir les bourgades ignorées faisaient l'objet de ses plus ardentes aspirations. Les supérieurs en jugèrent autrement. Ils estimèrent qu'un zèle si pur dans son origine et ses motifs ne devait pas se restreindre à une classe de la société mais s'étendre à toute la Péninsule, à toutes les misères morales, à toutes les calamités publiques, et ils octroyèrent au jeune prédicateur dès ses débuts (tant ils avaient confiance dans ses mérites) le titre et les pouvoirs de missionnaire apostolique.

Le succès de ses premières prédications tient du

-prodige et cependant son âme était dans l'anxiété, il se croyait incapable et indigne d'annoncer l'Evangile.

Un de ceux qui l'encouragèrent le plus à ses débuts fut le P. Antoine Guerrero, dominicain, professeur d'éloquence au collège de Séville, recommandable par la sainteté de sa vie et par son zèle à propager le saint rosaire. Etant venu passer quelques semaines à Ronda, où le P. Diego prêchait, il entend dire des merveilles de ce jeune missionnaire capucin. Il s'informe de son nom de famille. « C'est le Père Caamagno, lui est-il répondu » — Caamagno ! s'écrie le Dominicain tout étonné. J'en ai connu un de ce nom au collège ; mais le prédicateur dont on fait l'éloge ne peut être le même, à moins d'un miracle de premier ordre. » Pour résoudre son doute, il va le soir au sermon du P. Diego.

Quinze ans s'étaient écoulés depuis que les deux anciens condisciples ne s'étaient vus. Malgré cela, Antoine Guerrero n'a pas de peine à reconnaître Joseph Caamagno sous le costume de Capucin. Il est littéralement stupéfait, celui qu'il avait connu timide et gauche se présente en chaire avec modestie, mais en toute assurance, parfaitement maître de lui-même ; son discours est solide, bien disposé, saisissant ; sa parole est abondante et facile ; sa voix onctueuse et pénétrante ; son action pleine de feu.

Ému et ravi, le dominicain, aussitôt le sermon fini, va à la sacristie pour y attendre le prédicateur et lui offrir ses plus sincères félicitations. Après avoir cordialement embrassé son ancien compagnon de classe : « Vous le voyez, mon cher ami, lui dit Diego, il n'y a rien de moi ; mais Dieu s'est plu à agir en moi et par moi, pour que l'on comprenne mieux que c'est Lui qui fait tout ».

Cependant l'œil observateur du dominicain avait deviné sous le voile extérieur de l'assurance un profond sentiment de crainte dans l'âme de Diego ; il lui en demanda confidentiellement la raison. « Mon cher ami, lui répondit l'humble religieux, je sens tellement mon incapacité et mon manque de vertu que la seule pensée d'avoir à monter en chaire me fait frissonner d'épouvante ».

Le Père Guerrero l'encouragea fortement à continuer le ministère auquel visiblement Dieu l'appelait et il lui recommanda spécialement l'oraison, sans laquelle il ne peut y avoir que des déclamateurs et non de vrais apôtres. « Dans l'oraison, « dit-il à Diego, vous apprendrez la vraie science « de Dieu, c'est-à-dire Jésus-Christ et vous le prê- « cherez ensuite comme vous y obligent votre « sacerdoce et votre profession religieuse ».

Le **Bienheureux** fut réconforté, et se résigna à continuer ses travaux si pénibles. Mais un soir voulant réunir ses idées pour un sermon du lendemain, aucune ne répondit à son appel. Souvenirs de ses études philosophiques et théologiques, reminiscences littéraires, scripturaires ou hagiographiques, tout demeurait dans la nuit d'un oubli complet. Avec la simplicité d'un petit écolier, il va de nouveau trouver le P. Guerrero, et lui expose son embarras. « Vous n'avez qu'une chose à faire, lui répondit le sage et pieux professeur, c'est de vous mettre en oraison au pied de votre crucifix ; et demain, prêchez simplement ce qu'il vous aura dit » Le lendemain, le P. Guerrero ne manqua pas d'assister au sermon du capucin ; jamais il n'avait été aussi satisfait.

Les hésitations et les terreurs de l'humble prédicateur revinrent quelque temps après, plus poignantes que jamais. Une nuit, il priait seul, dans l'église du couvent de Xérès ; découragé, il suppliait avec larmes le Tout-Puissant de lui faire assigner par ses supérieurs un autre emploi que celui de missionnaire. Soudain, le Sauveur lui apparaît tout courbé sous le fardeau de sa lourde croix ; il chancelle comme s'il allait se laisser tomber. Prompt comme l'éclair, Diego s'élance pour le soutenir : « Seigneur, s'écrie-t-il, qu'est-ce que ceci

et pourquoi voulez-vous tomber ? » — « Eh ! ne
« faut-il pas que je tombe, lui répond Jésus, puisque
« toi que j'avais choisi pour me soutenir, tu songes
« lâchement à m'abandonner, au grand détriment
« de mes pauvres brebis égarées ! » Aussitôt la vision disparut, laissant le pauvre Père profondément
humilié de ses craintes pusillanimes.

Une autre fois, le Christ lui apparut, ayant pour
assesseurs saint Pierre et saint Paul, et lui dit :
Courage, mon fils, tu prendras place désormais
parmi mes Apôtres, et je t'établis prédicateur de
mes Mystères divins ».

Ce même fait est raconté avec une légère varian-
te : saint Pierre et saint Paul se présentent devant
notre bienheureux : « Ne crains rien, lui dirent-
« ils, va et prêche ! La moisson est abondante,
« mais les ouvriers sont peu nombreux et nous les
« apôtres de la première heure, nous avons sup-
« plié le Père céleste de donner au monde vieillis-
« sant un apôtre semblable à nous, et c'est toi qui
« est l'élu de la grâce ». Ils me mirent dans les
mains un livre et un bâton, ajoutait le Bienheureux en racontant cette vision, m'embrassèrent,
me saluèrent du doux nom de frère et remontèrent
au séjour de l'éternelle béatitude (1).

(1) *Vita del B. Diégo*, p. 42.

Apparition de St Pierre et St Paul au Bienheureux.

Que l'on ne s'étonne pas de ces faveurs célestes, Diego, pour prêcher comme il le fera, aux rois, aux évêques, aux grands, aura besoin de se sentir investi d'une autorité surnaturelle. Si grand que fut son talent, il n'aurait jamais eu la hardiesse de s'ériger en apôtre de toute l'Espagne, mais le Très Haut lui-même devait lui en conférer le titre. Qu'on nous permette encore un trait qui montre jusqu'à l'évidence la réalité de cette mission divine.

Un jour qu'il se rendait d'Ubrique à Xérès, il rencontra en chemin trois vierges, radieuses de jeunesse et de beauté, aux yeux voilés par les larmes, aux vêtements déchirés, et portant un lourd fardeau sur la tête. « Le Seigneur soit avec vous mon frère ! » lui dit l'une d'elles, d'un ton affectueux. Puis elles disparurent et laissèrent le missionnaire tout anxieux. Que signifie cette vision ? se demandait-il à lui-même. Au milieu de ces perplexités il eut recours à Celui qui députe ainsi ses anges vers la créature, et le supplia de lui expliquer le mystère de cette apparition. Sa prière fut exaucée et le Seigneur daigna lui révéler le sens symbolique de la vision : Les trois vierges représentent les trois vœux monastiques ; les vêtements déchirés, les abus introduits dans le cloître ; le fardeau, la sanglante persécution qui va fondre

sur l'Europe. « Et c'est toi que je charge de resti-
« tuer aux ordres religieux leur beauté primitive et
« d'arracher l'Espagne aux influences pestilentielles
« de l'impiété. »

Réconforté par toutes ces grâces et par la con-
viction intime qu'il accomplissait la volonté de
Dieu, le pieux missionnaire se mit à prêcher avec
ardeur aux habitants des villes et des campagnes,
aux grands et aux petits, partout dans les églises
et sur les places publiques, quand les temples
étaient trop petits pour contenir les foules.

Les bourgades et les cités qu'il évangélisa gar-
dèrent vivant le souvenir de celui qu'elles accla-
maient comme l'oracle de l'Espagne et l'apôtre du
dix-huitième siècle. Aujourd'hui encore, les prati-
ques de piété qu'il aimait à établir sont conservées
dans les paroisses et dans les familles : la récita-
tion du chapelet en commun, l'invocation de la
Sainte Trinité, le chant des cantiques de mission à
la *Divina Pastora* et surtout le chant de ce *Perdon
ô Dios mios* où semble passer encore toute l'ardeur de cet acte de contrition, qui à la fin de
chaque sermon du célèbre prédicateur, terrassait
la foule, déchirant les cœurs et arrachant des
larmes aux yeux les plus insensibles.

Il nous est impossible de suivre le missionnaire
dans ces courses incessantes, citons seulement

quelques incidents qui montrent l'Esprit Saint toujours agissant en lui et par lui.

Un jour que l'apôtre prêchait dans la chapelle des Capucins à Ubrique une petite fille, qui se tenait sur les genoux de sa mère, s'écria tout à coup : maman vois-tu une colombe sur les épaules du P. Diego? »

Même prodige à Gausin. « A la place du B. Diego, disait naïvement un de ses auditeurs, je prêcherais aussi bien que lui : Une colombe lui suggère tout ce qu'il doit dire ».

La colombe, avec le triple soleil, figurant la Sainte Trinité, est devenue dans les arts la caractéristique de notre héros.

Nous aurons suffisamment fait connaître le missionnaire, si nous ajoutons qu'il fut apôtre infatigable. Il demandait à Dieu de lui prolonger la vie, si c'était son bon plaisir, jusqu'au jugement dernier, et de le laisser travailler pendant tout ce temps, sans trêve ni relâche, à lui gagner des âmes.

Depuis son sacerdoce (1767), jusqu'à sa mort (1801), il n'a cessé de parcourir la Péninsule, portant partout et à tous le pain de la Parole divine.

Ses sermons conservés manuscrits forment un recueil de quinze volumes in-folio. On compte 3.000 discours et plus, dont un très grand nombre sur la sainte Vierge. — La mission providentielle de cet incomparable sauveur d'âmes fut d'empêcher en Espagne l'envahissement de l'impiété voltairienne et c'est pour cela que ses œuvres forment un arsenal puissant contre toutes les attaques du satanisme du dernier siècle.

Diego hélas ! fut témoin des horreurs de la Révolution. Aussi avec quelle énergie il la dénonçait à l'exécration de l'univers! Avec quel soin il en dévoilait les causes : l'oubli de Dieu, la passion du luxe, les folies du philosophisme pervertissant les esprits, et les haines d'une secte maudite et cachée qui commençait à se montrer, la francmaçonnerie! Si l'Espagne résista aux envahissements de la Révolution, elle le dut en grande partie au zèle clairvoyant et courageux du B. Diego. Il aimait tant l'église, il aimait tant sa patrie !

L'HOMME ILLUSTRE

L'apôtre fut grand, prodigieux, faut-il s'étonner de l'éclat extraordinaire qui entoura sa personne?

Dieu, qui résiste aux superbes et exalte les humbles, voulut glorifier de son vivant le pauvre capucin. Il eut des jours de triomphe et les honneurs que lui rendirent ses contemporains pouvaient paraître une canonisation anticipée. Les foules lui faisaient des ovations à son arrivée et le pleuraient à son départ. Les grands et les savants s'inclinaient devant lui et les corps constitués lui conféraient les titres les plus glorieux.

Il était, nous l'avons dit, aumônier royal de la marine espagnole, prédicateur de sa Majesté, membre de toutes les académies, docteur de toutes les universités, chanoine de plusieurs cathédrales et même *alcade* ou maire honoraire de quelques villes.

On s'expliquerait difficilement tous ces titres, si on ne savait, par l'étude de sa vie, combien Dieu l'avait rempli de ses dons. Il possédait, nous disent ses historiens, l'Ecriture sainte par cœur, connaissait, de mémoire, toute la Somme de saint Thomas, tous les grands docteurs et toute la science sacrée. Parlait-il devant un auditoire militaire on se demandait : mais où donc a-t-il servi pour parler ainsi stratégie ? S'adressait-il à des jurisconsultes, il déroulait devant eux les secrets des lois. Il était théologien avec les théologiens. Littérateur avec les maîtres du beau parler. En un mot sa science était si universelle, si forte, si lumineuse qu'elle forçait l'admiration de tous.

L'Eglise a ratifié le jugement de ses contemporains. Dans divers décrets rendus pour sa béatification le Bienheureux est appelé le *glaive de la parole Divine*, un *nouveau saint Paul*, *l'homme envoyé de Dieu*, renouvelant en Espagne les merveilles de l'apôtre saint Jacques.

Le Pape Pie VI, pour récompenser ses mérites et favoriser son apostolat lui accorda le pouvoir de donner cent cinquante jours d'indulgences aux fidèles qui assistaient à ses sermons, et le pouvoir pontifical de repartir cinq mille indulgences plénières à son choix dans le cours de ses missions. Les plus grandes villes d'Espagne inscrivaient le P.

Diego au nombre des vingt quatre chevaliers de la cité et, aux diocèses qui le voulaient pour évêque, Charles III avait dû répondre : « il est l'évêque de tout le royaume. »

Nos Annales, dans un récit plein de charmes, nous ont donné la narration de l'une des réceptions solennelles du bienheureux comme Alcade. Nous la reproduisons, en la résumant ; elle nous montrera en quelle haute estime Diego était tenu par ses compatriotes.

Le 8 avril 1786 une foule anxieuse attendait, à la porte du couvent des Capucins de Cordoue, le retour d'une députation envoyée par la municipalité de la ville.

Après une longue attente, on vit sortir du couvent les membres de la députation, accompagnés jusqu'à la porte par la communauté tout entière. Ils étaient précédés des trompettes de la ville et suivis d'une brillante escorte.

Entre les deux plus hauts dignitaires était un capucin, âgé d'un peu plus de quarante ans. Sa taille était élevée, sa démarche décidée. A le voir, on devinait qu'il y avait en lui une organisation énergique. Ce religieux en la personne duquel s'accomplissait la parole de l'Evangile : Celui qui s'abaisse sera élevé, c'était le P. Diego José de Cadix.

La Municipalité de Cordoue, reconnaissante du

bien immense opéré par lui, venait de le nommer son Théologien consulteur avec voix délibérative et tous les droits et privilèges dont jouissaient les échevins eux-mêmes.

Forcé par l'obéissance, il se rendait donc en grande pompe à l'hôtel-de-ville pour prêter serment et prendre possession de sa haute dignité.

Lorsque la députation fut arrivée au palais, l'huissier alla solennellement en donner avis à la municipalité, qui envoya les deux plus jeunes échevins à la porte de la salle pour recevoir le P. Diego. Ce fut ainsi que le pauvre capucin fit son entrée dans la salle avec la ceinture de corde et ses humbles vêtements ; singulier contraste avec les riches habits brodés d'or des hauts dignitaires de la ville de Cordoue.

Le P. Diego prêta serment en mettant sa main sur sa poitrine et aussitôt rendit l'hommage exigé par la loi, (pour reconnaître l'autorité royale) entre les mains du marquis de la Puebla, alfarès major.

Le Père voulut ensuite parler, mais ce roi de l'éloquence espagnole ne faisait que balbutier tant il était ému.

Se tournant alors vers son supérieur, qui l'avait accompagné, il lui demanda la permission de donner à la ville un souvenir et un témoignage de sa reconnaissance. L'ayant obtenue, il fit une ffort suprême sur lui-même, détacha le crucifix de bronze suspendu sur sa poitrine et s'approchant du corregidor, don Manuel Joachim de la Véga, il lui dit.

« Ce Christ m'a été légué par mon Père en Dieu Fr. Bonaventure d'Ubrique, il m'avait aimé comme ma sainte mère m'avait aimé elle-même ; en mourant il me laissa ce crucifix qu'il avait porté durant toute sa vie, et à l'aide duquel il avait ramené tant de brebis égarées.

« Avec cette sainte image, j'ai hérité de quelques faibles étincelles de la foi du Fr. Bonaventure. J'ai couru comme lui de ville en ville, j'ai tâché d'user de miséricorde envers les pécheurs. J'ai fait au vice une guerre incessante. Que j'ai souffert pendant ces vingt années de combat ! mais combien aussi j'ai eu de moments précieux.

« Bien des fois, la nuit, je rentrais dans ma cellule, accablé de fatigue après des journées employées aux travaux de la chaire et du confessionnal : souvent alors je voyais la porte s'entrouvrir et il me fallait de nouveau courir après la brebis égarée et lorsque, le matin, les premiers rayons du soleil levant me trouvaient revenu dans ma cellule, après une nuit sans sommeil c'était aux pieds de ce crucifix que je puisais de nouvelles forces.

« Prenez-le. Monsieur le Corregidor, que Cordoue reçoive le seul bien que possède le pauvre missionnaire ; prenez ce crucifix, il a été lavé par les larmes du repentir et consacré par les prières de deux générations.

« Lorsque vos descendants demanderont l'origine de ce crucifix, ceux qui auront entendu parler du pauvre Père Diego pourront dire : il y avait dans la moitié du XVIIIe siècle un religieux dont Dieu daigna se servir (quoiqu'il ne le méritât pas), pour faire retentir la parole sainte dans toute l'Andalousie. La ville de Cordoue, reconnaissante envers Dieu, combla d'honneurs celui qui n'avait été que l'instrument de ses miséricordes ; et lui, désirant laisser un monument de la piété de la municipalité de cette ville lui a fait don de ce crucifix qui était tout ce qu'il possédait et à quoi il tenait le plus sur la terre. »

Le Père Diego se tut, porta à ses lèvres le Christ dont il baisa les pieds à plusieurs reprises et il donna le crucifix au Corregidor.

Cela fait, il rabattit sur ses yeux son capuchon pour cacher ses larmes et la main posée sur sa poitrine il se dirigea du côté de la porte de la salle.

Tous les membres de la municipalité se levèrent alors et adoptèrent par acclamations la proposition que venait de faire l'Alcade, le marquis de la Vega : de déposer dans un riche reliquaire le crucifix du P. Diego et de le placer sur l'autel où l'on célébrait la messe du Saint-Esprit. Puis l'assemblée tout entière accompagna le Père jusqu'au couvent des Capucins.

Le lecteur nous aura pardonné cette longue citation, nous n'avons pu nous empêcher de reproduire une scène si belle et si touchante et qui nous montre toute la grandeur d'âme de notre Bienheureux.

Mais le temps est venu de considérer cette noble figure, non plus entourée seulement de l'auréole des grandeurs humaines, mais environnée de la lumière et de la force surnaturelles que donne la sainteté.

LE THAUMATURGE

Un des témoins, au procès de béatification, interrogé sur les miracles du Bienheureux, fit une réponse semblable à celle qu'avait fait Jean XII à propos de la canonisation de saint Thomas d'Aquin : « N'y aurait-il point d'autres miracles, j'affirme que chacun des sermons de Diego fut un miracle signalé de la puissance divine ».

Qu'on se rappelle, en effet, l'origine toute surnaturelle de cette éloquence : la colombe dictant au Bienheureux les paroles qu'il devait prononcer, ce rayonnement d'un triple soleil illuminant le visage de l'Apôtre; qu'on se rappelle l'infatigable activité du Missionnaire, inexplicable par les seules forces humaines, le nombre prodigieux de conversions qu'il opéra pendant le cours de sa carrière évangélique, et l'on comprendra combien est vraie la parole citée plus haut.

Le seul miracle de ses prédications pourrait suf
fire pour nous faire reconnaître dans le Bienheu
reux Diego, l'homme doué par Dieu d'une puissance
au-dessus de la nature, je veux dire le thauma
turge.

Pour le prouver, qu'on nous permette de citer
quelques-uns de ses prodiges, et tout d'abord, par-
lons de son esprit de prophétie et de son discerne
ment des esprits :

Un des neveux du cardinal Delgado était incer-
tain de sa vocation : « Plus d'hésitation, lui dit
l'humble capucin. Embrassez l'état ecclésiastique ;
car celui qui est destiné à perpétuer le sacerdoce
doit d'abord lui-même être ordonné ». Ce jeune
homme fut, en effet. plus tard promu à l'épis-
copat.

Etant à Séville, Diego fut invité par une dame de
qualité à baptiser son enfant dès qu'il viendrait
au monde. « J'irai, répondit-il, et vous donnerez
au nouveau-né le nom de Marie de la Paix ». Peu
de temps après la mère donnait le jour à une
fille qui porta le nom que le Bienheureux avait
choisi.

Un autre jour que le F. Louis d'Ubrique lui
présentait trois adolescents qui désiraient lui bai-
ser la main, il les combla de ses caresses et de sa
bénédiction ; et posant la main sur la tête de deux

d'entre eux il ajouta d'un ton joyeux : quels bons prêtres vous m'amenez ici! L'avenir démontra combien l'Apôtre avait été éclairé d'en haut, ces deux jeunes gens admis plus tard aux ordres sacrés devinrent des prêtres exemplaires, pendant que le troisième restait dans le siècle et se mariait.

A Séville, l'intrépide missionnaire avait réussi, de concert avec l'archevêque de cette ville à fermer les théâtres et les lieux de divertissements, qui se changent trop souvent en lieux de débauche et de perversion morale; mais son triomphe avait été de courte durée. Les hommes de plaisir complotèrent bientôt de rouvrir le théâtre, et pour se venger du Capucin, et afin d'attirer la foule ils firent jouer une de ces pièces tapageuses qui, alors comme aujourd'hui, introduisaient le prêtre sur la scène pour le tourner en dérision.

Désolé, le Bienheureux n'écouta que son zèle et s'écria dans un de ses sermons : « Vous avez ri de l'honneur du sacerdoce. Vous avez applaudi aux outrages qui s'adressaient à cette robe. Malheureux! il viendra des jours, et ils ne sont pas éloignés, où vous appellerez le prêtre près de votre couche et le prêtre ne viendra pas! O Séville, quel terrible châtiment t'est réservé! » Les beaux esprits de la ville, apprenant cette prédiction, se mirent à sourire. Cependant, elle s'accomplit, et peu de temps après. Séville fut décimée par la peste, sans que le clergé put suffire à porter aux mourants les secours de la religion.

Mêmes avertissements, mêmes prophéties à Malaga en 1796 « O Malaga, cité que j'aime, quel fléau va fondre sur toi en punition de tes désordres et de ton mépris pour le Décalogue! » Sept ans après, une épidémie soudaine envahit la ville impénitente, et emporta dans l'espace de quelques mois, plus de trente mille hommes. Sous les coups de la justice divine, les habitants rentrèrent en eux-mêmes, et Malaga, comme l'ancienne Ninive, fit pénitence.

Diego, nous venons de le voir, avait le don de prophétie. Le Seigneur, pour fortifier son apostolat, lui accorda aussi celui des miracles.

Innombrables sont les prodiges opérés par lui. Le procès de béatification en est rempli et en le lisant on ne peut s'empêcher d'éprouver un sentiment d'admiration qui se traduit par ces paroles historiques : Diego fut un nouveau Vincent Ferrier ! »

Je passe sous silence la guérison instantanée, à Carcabuus, d'un enfant miné par une fièvre violente, les paralytiques guéris à Grenade et à Guadix, les aliénés recouvrant l'usage parfait de la raison à

Ronda et à Martos. Je ne dis rien non plus du prodige arrivé dans cette dernière ville de Martos où le Bienheureux rassasia toute une multitude avec un peu de pain. Je ne parle pas de pluies obtenues ou conjurées, de l'ouïe rendue aux sourds. de la source que Diego fit jaillir pour désaltérer son compagnon de voyage. Je ne peux cependant passer sous silence quelques faits qui, par leur nature, méritent une mention spéciale.

L'apôtre venait d'achever à Grenade une mission dont les fruits avaient été immenses pour les âmes et il se rendait à Guadix pour continuer son ministère. C'était en l'année 1785. Longue était la route non pas tant pour lui que pour ses compagnons. Il demanda l'hospitalité à de pauvres paysans. La nouvelle de son arrivée se répandit aussitôt et tous, grands et petits, d'accourir vers l'humble chaumière où il se tenait avec ses frères.

Au milieu de cette foule, on remarquait une pauvre femme aveugle et paralytique, maigre, décharnée; on eût dit le spectre de la mort. A la vue de cette malheureuse, Diego est touché de compassion. — On le prie de réciter sur elle les Evangiles : « Bien volontiers, répondit-il. » Mais déjà Dieu par son serviteur venait d'opérer deux miracles. « Je vois! je vois! s'écriait l'aveugle », et en même temps ses membres recouvraient leur liberté ; elle marchait, elle courait mieux que ne l'eût fait un enfant.

Tous étaient dans l'admiration et rendaient grâces au P. Diego. Mais lui toujours humble persuada à la miraculée et à tous ceux qui l'accompagnaient de reporter leur reconnaissance vers Dieu, auteur de la vie et de la santé, disant que pour lui il n'était qu'un instrument vil et inutile, puis il ajouta : « Est-ce que l'on remercie les instruments dont on se sert ? » Chacun était profondément édifié de la vertu du Serviteur de Dieu.

Un miracle plus éclatant encore est celui dont la tradition se conserve toujours vivante dans une grande partie de l'Andalousie.

Amant passionné de la pauvreté et de l'humilité, Diego n'avait pas de plus grand plaisir que de converser avec les pauvres. Il était heureux dans ses voyages de leur demander asile et de vivre au milieu d'eux. Ces âmes simples lui plaisaient, et c'était pour lui la plus douce des jouissances de leur parler de Dieu et de les instruire des vérités de notre Religion.

Or, il arriva que se trouvant un soir en pleine campagne il fut contraint de passer la nuit au milieu des troupeaux, et de partager la nourriture des bergers.

Le lieu ne pouvait être plus humble, ni les hommes plus ignorants des vérités divines. Parmi eux, il y en avait un surtout aussi perverti que peu instruit.

Suivant sa coutume, le missionnaire commença à parler de l'observation des commandements et des préceptes de l'Eglise, de la nécessité de vivre en état de grâce, de la fréquentation des sacrements ; puis, se tournant vers le triste vacher qui, depuis neuf ans, ne s'approchait plus des sacrements, il entreprit de l'exciter à la pénitence et de le décider à faire une sincère confession de ses péchés.

Cet homme mauvais, bien loin de se rendre aux paroles du zélé missionnaire, souriait cyniquement et s'obstinait de plus en plus. La nuit se passa.

Avec quelle ferveur Diego pria pour cette âme coupable ! et pourtant pas une seule pensée de conversion ne vint à l'esprit de l'obstiné.

Le jour venu, les pasteurs se disposaient à faire paître leurs troupeaux, et le serviteur de Dieu prenant congé d'eux, les remerciait de leur charité. Tout à coup il s'entend appeler par le mécréant : Père ! lui disait-il, voyez-vous ce taureau qui passe ? si vous avez une puissance assez grande pour le confesser je me confesse moi aussi !

A ces paroles, pleines d'ironie, Diego comprit l'outrage fait au Sacrement de Pénitence et au confesseur. Néanmoins il ne laissa paraître aucune indignation et avec une patience admirable il lui répondit : « Dis moi, très cher fils, me promets-tu vraiment de te confesser si ce taureau si méchant m'obéit ? Seras-tu docile comme lui ? et l'obstiné de répondre au Père : Je le promets, et je tiendrai parole.

Tout rempli de l'esprit de Dieu Diego appelle le taureau et lui dit : « taureau, arrête toi ! » et à l'instant l'animal indompté s'arrête immobile, aussitôt le serviteur de Dieu approche, et sur son ordre le taureau se met à genoux.

Tous les bergers furent stupéfaits mais le pécheur endurci plus encore que les autres, et touché de la grâce il commence à crier : confession ! confession ! puis se jetant aux pieds du Père, il lui avoua ses fautes avec une grande douleur.

Qu'il est bon et miséricordieux le Seigneur de toutes choses, qui parfois s'abaisse jusqu'à condescendre aux exigences impertinentes de l'homme, afin de le sauver !

Il est inutile d'insister plus longtemps sur les phénomènes surnaturels qui abondent dans la vie de notre Bienheureux. Nous en avons dit assez d'ailleurs pour expliquer le prestige de sa parole, et sa profonde influence sur l'Espagne du xviiie siècle. Le temps est maintenant venu de l'étudier en lui-même et d'une façon plus intime, c'est-à-dire dans ses vertus, car ce qui fait les mérites des Saints, ce ne sont pas les visions, ni les prophéties, ni les miracles, ni rien de cette auréole gratuite qui brille à leur front, mais bien leurs œuvres, leurs sacrifices et l'intensité d'une charité poussée jusqu'aux dernières limites de l'héroisme.

LE SAINT

« L'Ame d'un saint est tout un monde » disait sainte Thérèse ; tout un monde de saintes affections, de sacrifices et de dévouement où la nature est immolée et la grâce victorieuse. Nous n'en connaissons que ce que l'humilité n'a pu cacher au regard des mortels. C'est peu ! mais ces quelques rayonnements de la grâce nous offrent tant d'intérêt et nous apportent tant d'édification qu'ils méritent de fixer notre attention, surtout lorsqu'il s'agit d'un apôtre tel que le Bienheureux Diego. Pénétrons dans l'intérieur de son âme et nous y verrons resplendir toutes les vertus : l'humilité, l'esprit de foi, l'obéissance, l'amour de Dieu et le zèle des âmes.

Humble, il l'était jusqu'au mépris de lui-même. « Si les hommes pouvaient lire dans mon intérieur, écrivait-il à un de ses amis, ils verraient que je suis le plus misérable des pécheurs. » Les hon-

neurs et la gloire vinrent au-devant de lui ; il ne
les avait point cherchés ; il ne les repoussa point.
Sachant que les louanges sont par elles-mêmes un
retentissement inutile et les hommages un décor
d'un instant, il faisait remonter les unes et les
autres vers le trône du Monarque invisible des
cieux, et ne gardait pour lui que les humiliations.

On demandait un jour au serviteur de Dieu ce
qu'il pensait quand il voyait les multitudes accourir sur son passage et l'acclamer avec transport.
« Je dis alors tout bas au Seigneur, pourquoi tant
de vent pour si peu de poussière », répondit-il.

On cite encore de lui cette parole sublime :
« On me regarde comme un grand savant. Quelle
« dérision ! petit enfant on m'appelait un âne ;
« mes condisciples et mes professeurs eux-mêmes
« me le répétaient souvent. La même épithète me
« convient toujours parfaitement. »

Toutes les autres vertus ont brillé d'un tel éclat
dans le bienheureux Diego, que les rappeler ici ne
sera ni sans profit, ni sans intérêt pour le lecteur.

A l'exemple, et presque à l'égal du Patriarche
Séraphique, il était l'amant du Dieu du Calvaire
et du Tabernacle. « Mon cœur est là, disait-il en
montrant le Tabernacle ! Mon cœur est là jour et
nuit, malgré mon indifférence et ma lâcheté. »

D'autrefois il s'écriait dans le feu des ravissements divins : « O amour crucifié pour moi, vous êtes ma vie, le centre de mes délices, mon amour, mon tout ! Changez mes membres en autant de langues pour que je puisse vous faire connaître, vous faire aimer. O mon Jésus, je brûle du désir de vous voir aimé, adoré, béni par tous les hommes dans les siècles des siècles. »

« Mon Dieu, disait-il encore, je vous aime : je suis, il est vrai, un pauvre ver de terre, mais vous réclamez l'amour des créatures les plus misérables. Je vous aime, ô Jésus, je vous aime. Vous êtes mon bien aimé ! »

Quand à la fin de ses sermons il baisait son crucifix, et lui adressait des protestations de fidélité qui tiraient les larmes des yeux : « On ne peut résister à ce Père, déclaraient les pécheurs les plus endurcis, lorsqu'il tient son crucifix à la main. »

A l'amour de Jésus, le Bienheureux joignait une tendre dévotion envers la très Sainte Vierge. Sa piété filiale à l'égard de l'auguste Reine du ciel, lui mérita des faveurs exceptionnelles. Il ne pouvait entendre prononcer le nom de Marie, sans être ému jusqu'aux larmes, et quand il publiait les louanges de la Reine des Vierges, il tombait souvent en extase. Il ne voulait point laisser passer une seule heure sans saluer sa Mère. S'il manquait à cette pieuse pratique, il chargeait ceux qui étaient avec lui de l'en avertir ; il interrompait aussitôt ses discours, ses conversations ou ses autres travaux pour réparer son oubli.

Comme le Séraphin d'Assise, il vénérait les hommes revêtus du caractère sacerdotal. Rencontrait-il un prêtre régulier ou séculier, il s'empressait d'aller au devant de lui et baisait avec esprit de foi ses mains qui consacrent le corps et le sang de Jésus-Christ. Etait-il appelé à prêcher devant des ecclésiastiques, il s'acquittait toujours de ce ministère redoutable, à genoux, et ne se relevait que lorsqu'il en avait reçu l'ordre. Un jour, deux prêtres Carmes le prièrent de bénir quelques chapelets, le serviteur de Dieu fit d'abord la génuflexion devant ces religieux, baisa avec respect leur habit et donna ensuite la bénédiction demandée.

Attaché à l'Église et à ses enseignements, il l'était par toutes les fibres de son cœur. « Si j'avais mille vies, écrivait-il à son directeur spirituel, je les sacrifierais volontiers pour la défense du *Credo* ou de l'Église qui le propose à ma foi ! »

La grande plaie de son temps c'était le rationalisme ou plutôt le voltairianisme. Pour la guérir, il ne se contentait pas d'attaquer en chaire les écrits de Voltaire et de d'Alambert : il se les faisait apporter, les réunissait en un monceau appelé le château du diable, et les livrait aux flammes ; tant il était persuadé de la pernicieuse influence des ouvrages hérétiques ou impies.

Autant sa foi était ferme, autant elle était vive et ardente ; elle pénétrait toutes ses œuvres, comme toutes ses affections.

Comment dire sa vénération pour le Souverain Pontife, Pasteur universel des âmes et Vicaire du Christ ? Lorsqu'il apprit la captivité de Pie VI, il se prit à sangloter, et à ceux qui lui demandaient la cause de son chagrin, il répondit, les larmes aux yeux : « Eh ! quoi, mon Rédempteur qui est chargé de chaînes dans son Vicaire, et je vis encore ! Le Pasteur suprême est entouré de loups prêts à le dévorer : s'il meurt, que deviendront les brebis du bercail ? Oh ! que ne puis-je souffrir à sa place, ou mourir avec lui ! »

Tout à tous, il était compatissant pour les malades, les pauvres et les petits, plein de tendresse pour les pécheurs. Pour sauver une âme, il eut traversé les mers et affronté tous les périls. Quand on lui parlait de contradictions soulevées par sa parole : « Qu'est-ce que cela, répliquait-il, en comparaison de ce qu'ont fait et souffert les saints pour étendre le règne de la vérité ? »

Lorsqu'on le pressait de prendre un peu de

repos : « Eh ! quoi, répondait-il, l'ennemi égorge les brebis sous nos yeux et nous, pasteurs, nous jette-rions les armes ! Nous ne volerions pas au secours de nos frères ! Dieu veut que nous consumions nos forces à les défendre, à les arracher au démon pour les rendre à Celui qui les a rachetés au prix de son sang ! »

Son obéissance fut admirable. La volonté de ses supérieurs était pour lui l'expression même de la volonté de Dieu. Il reçut un jour l'ordre de quitter immédiatement une ville dans laquelle il venait de prêcher, pour aller évangéliser une autre contrée. Les vents soufflaient avec violence, la neige tombait à gros flocons ; l'Evêque du lieu fait tout pour le retenir, et, croyant apporter un argument déci-sif : « Que va penser le peuple de la ville, en vous voyant partir par ce temps de bourrasque ? » — « Le peuple, répondit Diego, pensera que je fais un acte d'obéissance, » et il partit immédiatement.

Sa mortification était continuelle : jeûnes, disci-plines, cilices, enfin toute pénitence était recher-chée par lui avec une sainte avidité. Au couvent, son lit était composé de deux planches posées sur deux tréteaux, avec deux tuiles pour oreiller. Dans les presbytères ou dans les évêchés, il dormait le plus souvent sur la terre nue, quelquefois sur une natte, deux ou trois heures seulement, car il profitait du silence de la nuit pour écrire ses lettres, préparer ses sermons, ou réciter son bréviaire. Avant l'aurore, on le trouvait à l'église, flagellant sans pitié sa chair virginale, célébrant les saints mystères ou faisant son action de grâces.

Il parcourut presque toutes les provinces de l'Espagne, pour prêcher des missions, allant toujours à pied, par les plus grands froids comme par les chaleurs excessives.

En dehors de ses repas, il ne se permettait jamais de prendre le plus petit rafraichissement, même dans ses voyages les plus fatigants ou dans ses plus rudes travaux. Après ses sermons, quand il descendait de chaire tout couvert de sueur, il se contentait de boire un peu d'eau tiède, aimant mieux braver la sensualité que de la satisfaire.

Cet héroïque amant de la souffrance portait un collier de crin qui déchirait son cou. Une ceinture de fer et un cilice de fer ensanglantaient ses reins et ses épaules ; des bracelets de fer enserraient ses bras et ses jambes ; sur sa poitrine, une croix en fer armée de cinq pointes acérées lui rappelait sans cesse les cinq plaies du Sauveur. Tous ces instruments de tortures l'empêchaient de tenir la tête droite, et il fut quelquefois obligé de les enlever afin de pouvoir continuer ses pénibles courses apostoliques.

Telles furent les vertus de cet héroïque serviteur de Dieu. Hélas! pourquoi faut-il nous arracher sitôt à l'étude d'une vie si belle et si pleine d'édification ?

Du moins, avant de raconter son bienheureux trépas, et sa glorification céleste, qu'il nous soit permis de rapporter une parole qui nous montrera comment ses contemporains savaient apprécier l'Apôtre :

« Si je voulais, disait l'un d'eux, faire la louange du V. P. Diego, je prendrais un panégyrique de saint Pierre d'Alcantara, et au lieu de Pierre d'Alcantara, je mettrais : Diego-Joseph de Cadix ».

Peut-on mieux résumer la vie de celui qui fut l'homme de la prière, de la mortification et de la charité?

SA MORT ET SA GLORIFICATION

Riche de mérites et parvenu à sa cinquante-huitième année, le Bienheureux devait mourir avant les grandes luttes de sa patrie contre la Révolution française.

Le 6 mars 1801, le bon Père sentant les premières atteintes de la maladie qui devait l'emporter, avait prédit l'heure et le jour de sa mort à un religieux, son confident et son ami intime.

Le 19 mars, en effet, jour de la fête de saint Joseph, le mal s'aggrave et l'oblige à s'aliter. Il se trouvait à Ronda, hors de son cher couvent, chez l'un de ses amis. Aux médecins qui prescrivaient les remèdes les plus efficaces et les plus énergiques, le P. Diego disait avec calme : « Messieurs, ne vous inquiétez pas de moi, la dernière maladie est incurable ; » et puis, s'adressant à son infirmier : « Quel beau jour, frère Joseph, s'écriait-il, que celui de l'Incarnation, pour aller voir au Ciel son Dieu ! » A chaque instant il baisait pieusement son crucifix et lui adressait ces paroles : « O Jésus, mon doux Jésus! Vous, l'amour et le soutien de ma vie, vous savez que je vous aime ».

La veille de l'Annonciation, après avoir reçu les derniers sacrements, le malade prie son compagnon de lui lire la Passion du Sauveur. La lecture terminée, il demande humblement pardon au frère convers qui le soigne, de toutes les peines qu'il lui a causées, des mauvais exemples qu'il lui a donnés, et il ajoute : « Que le Seigneur vous récompense de votre charité à mon égard. Demandez à mes Supérieurs, ainsi qu'à tous mes frères, de me pardonner mes fautes et mes scandales ; dites-leur de prier pour le repos de mon âme. Et maintenant, mon cher frère Joseph, je vous demande, comme à mon Supérieur, la permission de quitter cette terre d'exil pour aller dans la véritable patrie. J'ai fait vœu d'obéissance, je veux mourir en obéissant, donnez-moi votre bénédiction ».

Peu après, il rendit son âme à Dieu. C'était le 24 mars 1801 : il était dans sa cinquante-huitième année de vie, dans sa quarante-troisième année de religion.

Ses funérailles furent magnifiques, et Dieu sembla vouloir commencer par là le triomphe de celui qui avait toujours été un modèle d'humilité. Le concours du peuple fut immense, et des prodiges attestèrent bientôt et la puissance du saint missionnaire et la confiance de ceux qui l'invoquaient.

Ces prodiges se sont encore renouvelés depuis, nous ne voulons citer que deux faits : ceux-là même qui ont été l'objet d'un examen spécial de la Sacré-Congrégation des Rites et ont été retenus pour le procès de béatification.

Lors de la reconnaissance juridique des ossements du Bienheureux, faite en 1838, un sang frais et vermeil jaillit tout à coup de ses os et mouilla plusieurs linges.

Ce miracle ayant suscité de vives discussions, il fut ordonné qu'une partie des ossements serait apportée à Rome pour y être soumise à un nouvel examen. Cet examen eut lieu, il y a trois ans, en présence de délégués ecclésiastiques, de médecins, de professeurs. Le miracle se renouvela, et les analyses les plus longues 'et les plus minutieuses constatèrent que cette liqueur vermeille fraîchement émanée des os, n'était autre chose que du sang. Le prodige fut si éclatant qu'il fit aussitôt cesser tous les doutes et toutes les oppositions.

Le second miracle admis au procès de béatification, est celui de la guérison soudaine et complète de sœur Adelaïde Queron-Herrera atteinte de phthisie pulmonaire au dernier degré, avec les symptômes d'une mort prochaine. Cette vénérable religieuse fut instantanément guérie à l'hôpital de Séville, il n'y a que trente-sept ans, et, détail touchant, l'heureuse miraculée vint elle-même à Rome assister aux fêtes de la béatification de son saint Libérateur.

S'appuyant sur ces miracles, non moins que sur les vertus héroïques de l'illustre Apôtre de l'Andalousie, le 24 avril 1894, Sa Sainteté Léon XIII mettait au rang des Bienheureux l'humble capucin Diego-Joseph de Cadix.

Jamais peut-être à Rome, depuis 1870, cérémonie de béatification n'avait eu un tel éclat. Outre les pèlerins espagnols au nombre de treize mille, une foule immense, qu'on évalue à cinquante mille personnes, avait envahi la basilique de Saint-Pierre. On remarquait, parmi les assistants, presque tous les cardinaux présents à Rome ; à la tribune diplomatique, les représentants autorisés auprès du Saint-Siège ; à la tribune des Souverains, la princesse Frédéric-Charles de Prusse, dont la conversion au catholicisme est annoncée comme prochaine ; et dans la foule, des officiers, des marins, des personnages illustres et des hommes du peuple confondus dans une même foi et un même amour envers la personne sacrée du Pontife romain qui leur donnait au Ciel un nouveau Patron.

Après la lecture des décrets de béatification, le *Te Deum* éclata sous les voûtes de la basilique, tandis que les cloches annonçaient à la ville de Rome l'heureuse nouvelle.

La béatification du pauvre capucin a été, en Espagne, un évènement religieux de la plus haute importance. Les fêtes qui ont eu lieu à cette occasion ont été vraiment des fêtes nationales qui donnèrent au monde le spectacle d'un peuple entier, soulevé par l'enthousiasme, acclamant à l'unisson le nom du grand Missionnaire.

Unissons-nous, en France, aux démonstrations de foi et aux vivats qui ont éclaté de l'autre côté des Pyrénées ; réjouissons-nous du triomphe de celui qui est la gloire de l'Espagne, la gloire de l'Eglise et de l'Ordre séraphique, et disons avec toute l'ardeur de notre âme : « Bienheureux Diego-Joseph, protégez-nous, priez pour nous. Aidez vos frères d'armes, dans cette fin de siècle, à remporter des victoires semblables à celles qui couronnèrent vos combats à la fin du siècle dernier ! »

LOUANGES ÉTERNELLES A DIEU
ET A SES SAINTS !

Le Mans. — Imp. Leguicheux et Cⁱᵉ

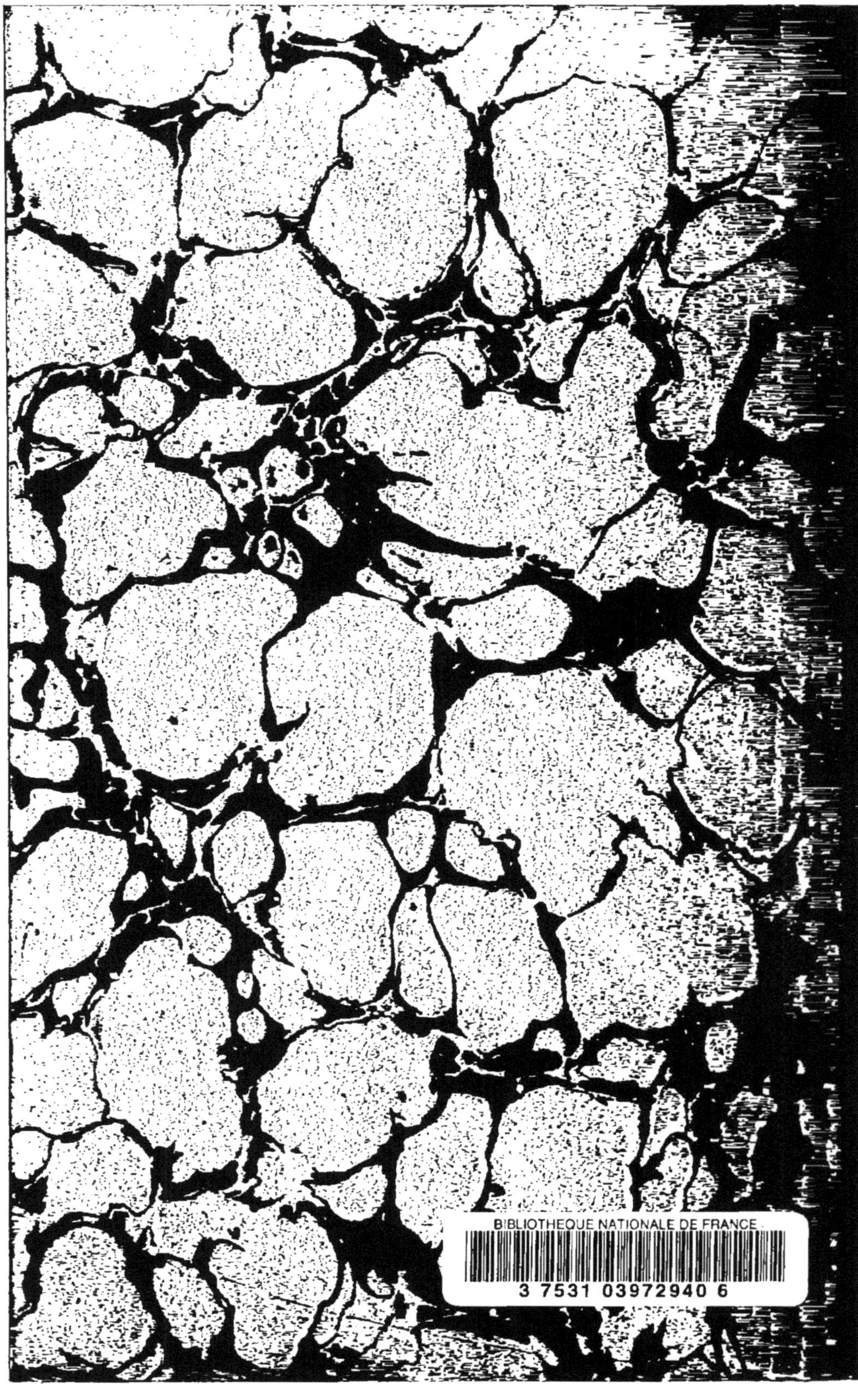
BIBLIOTHEQUE NATIONALE DE FRANCE
3 7531 03972940 6

9 782014 433982